AKTUELLE THEMEN DER BETRIEBSWIRTSCHAFTLICHEN
STEUERLEHRE UND RECHNUNGSLEGUNG

Wechsel der Gewinnermittlungsart von § 4 Abs. 3 zu § 4 Abs. 1 EStG

VON ARMIN SCHWENKE

STUDIENARBEIT

PARIS-LODRON-UNIVERSITÄT SALZBURG

Inhalt

Abbildungsverzeichnis

Abkürzungsverzeichnis

Abs.	Absatz
Ann.	Annahme
ARA	Aktive Rechnungsabgrenzungsposten
Art	Artikel
BAO	Bundesagagenordnung
BMF	Bundesministerium für Finanzen
Bsp.	Beispiel
bzw.	beziehungsweise
dh	das heißt
EStG	Einkommensteuergesetz 1988
EStR	Einkommensteuer-Richtlinien 2000
f	folgende
FA	Finanzamt
FB	Freibetrag
ff	Fortfolgende

Gem.	gemäß
idF	in der Fassung
idR	in der Regel
Inv.bed.	Investitionsbedingter
iSd	im Sinne des
Lfd.	laufender
PRA	Passive Rechnungsabrenzungsposten
PS	Proseminar
Rsp	Rechtsprechung
Rz	Randziffer
S	Seite
SS	Sommersemester
SWK	Österreichische Steuer- und Wirtschaftskartei
Tz	Textziffer
UGB	Unternehmensgesetzbuch
UmgrStG	Umgründungssteuergesetz
UStG	Umsatzsteuergesetz
uU	unter Umständen
Vgl.	vergleiche
VwGH	Verwaltungsgerichtshof
z.B.	zum Beispiel

1. Einleitung

Gegenstand dieser Arbeit ist der Wechsel der Gewinnermittlungsart von der Einnahmen-Ausgaben-Rechnung gemäß § 4 Abs. 3 EStG zum Betriebsvermögensvergleich nach § 4 Abs. 1 EStG. Die zentralen Normen für § 4 EStG Ermittler knüpfen an die Buchführungsgrenzen der §§ 124 und 125 BAO bzw. § 189 UGB. § 4 Abs. 10 EStG regelt die allgemeinen Grundsätze der steuerliche Folgen eines Wechsels der Gewinnermittlungsart.

Die Einnahmen-Ausgaben-Rechnung ist eine vereinfachte Art[1] der Gewinnermittlung, steht jedoch unter dem Postulat der Identität des Totalgewinns. Dieser Grundsatz besagt, dass der steuerliche Gewinn eines Betriebes unabhängig von der Gewinnermittlungsart vom Beginn bis zur Beendigung der betrieblichen Tätigkeit gleich hoch sein muss. Daraus ergibt sich, dass bei einem Wechsel vom Zu- und Abflussprinzip zum Realisationsprinzip bestimmte Zu- und Abschläge erforderlich sind, damit Geschäftsvorfälle aufgrund der unterschiedlichen Realisierungszeitpunkte nicht doppelt oder überhaupt nicht berücksichtigt werden.

Unabhängig von etwaigen Gewinnkorrekturen ist außerdem eine Übergangsbilanz zu erstellen, um eine Anfangsbilanz für den Betriebsvermögensvergleich zu schaffen, in der das gesamte Betriebsvermögen erfasst und bewertet wird.

Ziel dieser Arbeit ist eine übersichtliche Darstellung aller notwendigen Schritte, die bei einem Wechsel der Gewinnermittlungsart von der Einnahmen-Ausgaben-Rechnung

---

[1] Vgl. EStR 2000 Rz 658.

zum Betriebsvermögensvergleich notwendig sind, diese zu erklären und verständlich wiederzugeben. Folglich sollen die steuerlichen Folgen erläutert und in einem abschließenden Beispiel veranschaulicht werden.

Auf die Thematik der Pauschalierungen und die Folgen eines Wechsel von § 17 EStG zur Gewinnermittlung nach § 4 Abs. 1 EStG wird in dieser Arbeit nicht eingegangen.

2. Mögliche Ursachen für einen Wechsel

Folgende Grafik soll einen Überblick geben, wann die Gewinnermittlungsarten nach § 4 Abs. 3 EStG bzw. § 4 Abs. 1 EStG angewendet werden:

		Bilanzierung gem. § 4 Abs. 1 EStG	Einnahmen-Ausgaben-Rechnung gem. § 4 Abs. 3 EStG
Land- und Forstwirte iSd § 21 EStG	§ 125 BAO Umsätze > € 400.000 bzw. Einheitswert > € 150.000	Buchführungs-pflicht gem. §§ 124,125 BAO	-
	§ 125 BAO Umsätze < € 400.000 bzw. Einheitswert < € 150.000	Freiwillige Bilanzierung	Einnahmen-Ausgaben-Rechnung
Selbstständige iSd § 22 EStG, die nicht freiberuflich tätig sind	§ 189 UBG Umsätze > € 400.000	Buchführungs-pflicht gem. § 189 UGB und § 124 BAO	-
	§ 189 UBG Umsätze < € 400.000	Freiwillige Bilanzierung	Einnahmen-Ausgaben-Rechnung
Freiberuflich Tätige iSd § 22 EStG		Freiwillige Bilanzierung	Einnahmen-Ausgaben-Rechnung

Abbildung 1 - Gründe für einen Wechsel

2.1. Überschreiten der Grenzen

Ein Grund für einen Wechsel der Gewinnermittlungsart steht im Zusammenhang mit den Buchführungsgrenzen der BAO. Wird der Umsatz gem. § 125 BAO von € 400.000 in zwei aufeinander folgenden Jahren bzw. der Einheitswert von € 150.000 zum 1. Jänner eines Jahres überschritten, so müssen Land- und Forstwirte iSd § 21 EStG zum Betriebsvermögensvergleich wechseln. Die BAO regelt in diesem Fall die steuerlichen Folgen in § 125 Abs. 2 und Abs. 3 BAO: Werden die Umsätze bzw. der Einheitswert laut Abs. 1 überschritten, so tritt mit Beginn des darauf zweitfolgenden Kalenderjahres die Verpflichtung zur Buchführung ein.

Allerdings gibt es für diese Bestimmung auch eine Ausnahme in § 125 Abs. 4 BAO: *„Macht der Unternehmer glaubhabt, dass die Grenzen des Abs. 1 lit. a oder lit. b nur vorübergehend und auf Grund von besonderen Umständen überschritten worden sind, so hat das Finanzamt auf Antrag eine nach Abs. 2 oder 3 eingetretene Verpflichtung aufzuheben.“*

Auch für Bezieher von Einkünften aus selbständiger Arbeit iSd § EStG, die unternehmensrechtlich keinen freien Beruf ausüben, müssen, wenn sie die Grenzen des § 189 Abs. 2 UGB (Umsatzerlöse in zwei aufeinander folgenden Jahren > € 400.000 bzw. ab dem folgenden Geschäftsjahr > € 600.000) überschreiten den Gewinn nach § 4 Abs. 1 EStG ermitteln.

Bei Unterschreiten der Grenzen in zwei aufeinander folgenden Jahren erlischt die Buchführungspflicht hingegen in dem darauffolgenden Jahr. Der Steuerpflichtige kann jedoch weiter freiwillig seinen Gewinn gem. § 4 Abs. 1 EStG ermitteln.

2.2. Freiwilliger Wechsel
2.2.1. Begünstigungen gem. § 11a und § 10 EStG bis 31.12.2009

Laut § 11a EStG konnten ausschließlich durch Betriebsvermögensvergleich ermittelte Gewinne (höchstens € 100.000) steuerlich begünstigt werden. Ausgenommen von dieser Bestimmung waren Übergangsgewinne und Veräußerungsgewinne iSd § 24 EStG. Wurden folglich Gewinne nicht entnommen und dem Eigenkapital zugeführt, so konnten diese mit dem Hälftesteuersatz versteuert werden.

Für Einnahmen-Ausgaben-Rechner galt der Freibetrag für investierte Gewinne gem. § 10 EStG, wonach bis zu 10% (höchstens € 100.000) des Gewinnes als Freibetrag geltend gemacht werden konnten.

Der wesentliche Unterschied bestand darin, dass gem. § 11a EStG unabhängig von der Gewinnhöhe € 100.000 mit dem Hälftesteuersatz versteuert werden konnten (vorausgesetzt, dass der Gewinn entsprechend hoch war) im Gegensatz zum Freibetrag für investierte Gewinne gem. § 10 EStG, welcher bis zu 10% des Gewinns aber höchstens € 100.000 betrug.

2.2.2. Gewinnfreibetrag gem. § 10 EStG ab 1.1.2010

Die neue Bestimmung[2] unterscheidet nun nicht mehr zwischen Einnahmen-Ausgaben-Rechner und Bilanzierer. Es kann unabhängig von der Gewinnermittlungsart (mit bestimmten Ausnahmen) ein Freibetrag bis zu 13% des Gewinnes jedoch höchstens insgesamt € 100.000 geltend gemacht werden. Weiters wird zwischen einem Grundfreibetrag und einem Freibetrag für investierte Gewinne unterschieden.

Es müssen für den Gewinnfreibetrag folgende Voraussetzungen erfüllt sein:

- Der Steuerpflichtige ist eine natürliche Person.
- Es liegen betriebliche Einkünfte iSd § 2 Abs. 3 Z 1 bis 3 EStG vor.
- Der Gewinn muss nach § 4 Abs. 3, § 4 Abs. 1 oder § 5 Abs. 1 EStG ermittelt werden. Für die Gewinnermittlung mittels Durchschnittsätzen steht ausschließlich der Grundfreibetrag zu.
- Der Freibetrag darf bei laufenden Gewinnen und Übergangsgewinnen nicht jedoch bei Veräußerungsgewinnen in Anspruch genommen werden (§ 10 Abs. 1 Z 1 EStG).

---

[2] Vgl. weiters *Aigner/Moshammer/Schneiderbauer* in SWK 7/2009, S. 295 über einen Vorteilhaftigkeitsvergleich Freibetrag für investierte Gewinne versus Gewinnfreibetrag.

2.2.2.1. Grundfreibetrag

Nach § 10 Abs. 1 Z 2 EStG steht dem Steuerpflichtigen bis zu einer Bemessungsgrundlage von € 30.000 ein Grundfreibetrag von 13%, dh höchstens € 3.900, für jedes Kalenderjahr einmal zu, unabhängig davon ob der Steuerpflichtige genügend Investitionen tätigt.

„Erzielt der Steuerpflichtige Einkünfte aus mehreren Betrieben, ist der Grundfreibetrag nach Wahl des Steuerpflichtigen zuzuordnen. Wird vom Wahlrecht nicht Gebrauch gemacht, ist der Grundfreibetrag im Verhältnis der Gewinne zuzuordnen."

2.2.2.2. Investitionsbedingter Gewinnfreibetrag

Übersteigt der Gewinn die Bemessungsgrundlage von € 30.000, so ist es möglich, zusätzlich einen investitionsbedingten Gewinnfreibetrag in Höhe von 13% des € 30.000 übersteigenden Betrags in Anspruch zu nehmen, wenn

- nach § 10 Abs. 1 Z 3 1. TS EStG der Gewinn die Bemessungsgrundlage des zugeordneten Grundfreibetrages übersteigt und
- nach § 10 Abs. 1 Z 3 2. TS EStG dieser Freibetrag durch Anschaffungs- oder Herstellungskosten begünstigter Wirtschaftsgüter gemäß Abs. 3 gedeckt ist.

Gemäß § 10 Abs. 1 Z 3 EStG kann der investitionsbedingte Gewinnfreibetrag für das Wirtschaftsjahr der Anschaffung oder Herstellung der in § 10 Abs. 3 EStG abschließend aufgezählten begünstigten Wirtschaftsgüter geltend gemacht werden. Er ist mit den Anschaffungs- oder Herstellungskosten begrenzt. Die Absetzung für Abnutzung wird dadurch nicht berührt.

Bsp. Der Gewinn vor Freibetrag beträgt € 100.000, die Investitionen in begünstigte Wirtschaftsgüter iSd § 10 Abs. 3 EStG betragen € 7.000.

Lfd. Gewinn	100.000	1.Grund FB	3.900
davon 13%	13.000	2.Inv.bed. FB	7.000
		Gesamter FB	**10.900**
1. Grund FB max.	**3.900**		
2. Invest.bed. FB	13.000	Gewinn vor FB	100.000
	- 3.900	FB § 10 EStG	10.900
13% von 70.000	9.100	Gewinn nach FB	**89.100**
beg. Wirtschaftsgüter	7.000		
→ max inv.bed. FB	**7.000**		

Abbildung 2 - Bsp. Gewinnfreibetrag

2.2.3. Folgen der Novellierung des § 10 EStG

Mit Auslaufen der Begünstigung für nicht entnommene Gewinne gem. § 11a EStG fällt eine wesentliche Grundlage für den freiwilligen Wechsel weg. Einnahmen-Ausgaben-Rechner, die aufgrund der Begünstigung für nicht entnommen Gewinne die Gewinnermittlungsart wechselten, müssen nun nicht mehr freiwillig Bücher führen, um eine Begünstigung dieser Art in Anspruch nehmen zu können.

Dennoch können § 4 Abs. 3 EStG Ermittler jederzeit freiwillig die Gewinnermittlungsart wechseln und den Gewinn nach § 4 Abs. 1 EStG ermitteln. Neben der zeitlichen Erfassung von Betriebseinnahmen und Betriebsausgaben bestehen weitere Unterschiede zwischen den beiden Gewinnermittlungsarten (wie etwa die Vortragsfähigkeit von Verlusten) durch welche Vorteile entstehen, den Gewinn nach § 4 Abs. 1 EStG zu ermitteln und als Grundlage für einen Wechsel angesehen werden können.

> *„Es kann jedoch davon ausgegangen werden, dass eine freiwillige Ermittlung des Gewinns mittels Betriebsvermögensvergleichs eher die Ausnahme darstellen wird, zumal sich diese gegenüber der vereinfachten Gewinnermittlung nach § 4 Abs. 3 EStG als zeit- und kostenintensiver erweist."*[3]

---

[3] *Fritz-Schmied in Urnik/Fritz-Schmied,*[Jahrbuch 2008], S. 31.

2.3. Beendigung des Betriebs oder Teilbetriebs

Ein weiterer möglicher Grund für einen Wechsel der Gewinnermittlungsart knüpft an § 24 Abs. 2 EStG. Bei Veräußerungen oder Aufgabe des ganzen Betriebs, eines Teilbetriebs oder bei Veräußerung eines Anteils als Mitunternehmer ist der Veräußerungsgewinn gem. § 24 Abs. 2 EStG durch Betriebsvermögensvergleich nach § 4 Abs. 1 oder § 5 Abs. 1 EStG zu ermitteln. Ist bei einem Einnahmen-Ausgaben-Rechner nun der Veräußerungsgewinn zu ermitteln, muss dieser vor der Veräußerung bzw. Aufgabe zur Gewinnermittlung nach § 4 Abs. 1 EStG wechseln und dabei § 4 Abs. 10 EStG anwenden. Der Übergeber muss aber ebenso den laufenden Gewinn/Verlust für den letzten vor der Veräußerung oder Aufgabe liegenden Wirtschaftszeitraum ermitteln.

> *„Im Grunde handelt es sich jedoch lediglich um eine Feststellung des Betriebsvermögens. Dieser Übergang zur Gewinnermittlung nach § 4 Abs. 1 EStG dient nach der deutschen Rsp zutreffend nicht nur der Ermittlung des Veräußerungsgewinns, sondern er bezweckt auch eine dem Gewinnbegriff des Einkommensteuergesetzes entsprechenden Erfassung des laufenden Gewinns. Es soll dadurch gewährleistet werden, dass die Gewinnermittlung nach § 4 Abs. 3 EStG letztlich zu dem gleichen laufenden Gesamtgewinn führt, wie er auch bei einer Gewinnermittlung nach § 4 Abs. 1 EStG angefallen wäre.“*[4]

---

[4] *Bertl, u.a. (Hrsg)*, [Handbuch 2006], S. 47.

Der von Todes wegen oder unentgeltliche Übergang eines Betriebes führt nicht zu einem Wechsel der Gewinnermittlungsart, Umgründungsvorgänge iSd UmgrStG können jedoch zu einem solchen führen.

2.4. Steuerliche Konsequenzen

Wie bereits erwähnt ist die Einnahmen-Ausgaben-Rechnung eine vereinfachte Art der Gewinnermittlung.[5] Bei ihr wird nicht das Betriebsvermögen am Anfang mit dem Betriebsvermögen am Ende eines Wirtschaftsjahres verglichen, sondern es erfolgt eine Gegenüberstellung der gesamten Betriebseinnahmen und Betriebsausgaben grundsätzlich nach dem Zufluss-Abfluss-Prinzip. Dieses System besagt, dass Einnahmen bzw. Ausgaben zum Zeitpunkt der tatsächlichen Zahlung zu berücksichtigen sind, während beim Betriebsvermögensvergleich Forderungen und Verbindlichkeiten bereits in ihrem Entstehungszeitpunkt gewinnwirksam sind. Durch diese zeitlich unterschiedliche Erfassung entstehen Unterschiede, welche bei einem Übergang von der Einnahmen-Ausgaben-Rechnung gem. § 4 Abs. 3 EStG zum Betriebsvermögensvergleich nach § 4 Abs. 1 EStG oder umgekehrt durch Zu- und Abschläge ausgeglichen werden müssen. Zunächst sind jene Bestände, die aufgrund der erforderlichen Aufzeichnungen bereits erfasst sind, aus der Gewinnermittlung gem. § 4 Abs. 3 EStG in die Anfangsbilanz bzw. Übergangsbilanz der Gewinnermittlung nach § 4 Abs. 1 EStG zu übernehmen (z.B. Anlagevermögen). Da-

---

[5] Vgl. EStR 2000 Rz 658.

nach sind jene für den Betriebsvermögensvergleich relevanten Bestände zu erfassen, die in der Einnahmen-Ausgaben-Rechnung noch nicht erfasst wurden (z.B. Forderungen/Verbindlichkeiten); diese „dazugekommenen Positionen" ergeben durch entsprechende Addition und Subtraktion den Übergangsgewinn bzw. -verlust. Letztlich ist die Eröffnungsbilanz für die Gewinnermittlung nach § 4 Abs. 1 EStG um die Geldpositionen aus der Gewinnermittlung gem. § 4 Abs. 3 EStG, wie etwa Bargeld, Bankguthaben und -schulden, Darlehensforderungen und Darlehenschulden, zu ergänzen.[6]

Die Bewertung nach § 6 EStG in der Übergangsbilanz hat grundsätzlich so zu erfolgen, als wäre der Gewinn von Anfang an durch Betriebsvermögensvergleich nach § 4 Abs. 1 EStG ermittelt worden.[7] Es handelt sich somit nicht um eine „klassische" Eröffnungsbilanz, in der Wirtschaftsgüter zu Teilwerten angesetzt werden können und es ist auch nicht Zweck der Übergangsbilanz stille Reserven aufzudecken.

---

[6] Vgl. *Bertl, u.a. (Hrsg.),* [Handbuch 2006], S. 49.
[7] Vgl. SWK 11/2009, K 7, Übergangsgewinn.; VwGH 4. 2. 2009, 2006/15/0151.

3. Gemeinsamkeiten und Unterschiede zwischen § 4 Abs. 3 EStG und § 4 Abs. 1 EStG

3.1. Gemeinsamkeiten

Wie bereits erwähnt, stellt die Einnahmen-Ausgaben-Rechnung eine vereinfachte Art der Gewinnermittlung dar. Ihr wird kein Betriebsvermögensvergleich zu Grunde gelegt, sondern es werden die gesamten Betriebseinnahmen den gesamten Betriebsausgaben gegenübergestellt. Dennoch bestehen einige Gemeinsamkeiten zum Realisierungsprinzip gem. § 4 Abs. 1 EStG:[8]

- Es besteht ein Aktivierungsverbot für unkörperliche Wirtschaftsgüter nach § 4 Abs. 1 EStG.
- Nur notwendiges Betriebsvermögen ist in die Gewinnermittlung einzubeziehen, im Unterschied zur Gewinnermittlung nach § 5 Abs. 1 EStG, bei der gewillkürtes Betriebsvermögen angesetzt werden kann.
- Grund und Boden des Anlagevermögens bleibt außer Ansatz. Gewinne (Verluste) aus der Veräußerung oder Entnahme von Grund und Boden bzw. Wertschwankungen diesbezüglich bleiben unberücksichtigt.

---

[8] Vgl. EStR 2000 Rz 686.

3.2. Unterschiede

Für den Wechsel der Gewinnermittlungsart sind folgende Unterschiede zwischen der Einnahmen-Ausgaben-Rechnung nach § 4 Abs. 3 EStG und dem Betriebsvermögensvergleich nach § 4 Abs. 1 EStG relevant:[9]

- Zeitliche Berücksichtigung der Betriebseinnahmen und -ausgaben. Bei der Einnahmen-Ausgabe-Rechnung gilt das Zufluss-Abfluss-Prinzip, nachdem Betriebseinnahmen nach § 19 EStG als zugeflossen gelten, „sobald die rechtliche oder wirtschaftliche Verfügungsmacht erlangt wurde",[10] Ausgaben gelten im Moment der geldmäßigen Leistung als abgeflossen. Im Gegensatz dazu gilt beim Betriebsvermögensvergleich nach § 4 Abs. 1 EStG das Prinzip der wirtschaftlichen Zurechnung, dh Einnahmen und Ausgaben werden in der Periode ihrer wirtschaftlichen Verursachung erfasst.[11]

- *„Rechnungsabgrenzungsposten können, da Betriebsausgaben erst im Zeitpunkt des Abflusses gewinnwirksam werden, bei der Einnahmen-Ausgaben-Rechnung im Gegensatz zum Betriebsvermögensvergleich nach § 4 Abs. 1 EStG nicht gebildet werden.*

- *Rückstellungen können bei der Einnahmen-Ausgaben-Rechnung nicht gebildet werden. Eine Ausnahme bildet die Abfertigungsrückstellung in Form eines steuerfreien Betrages (§ 14 Abs. 6 EStG). Bei den zur Deckung der*

---

[9] Vgl. EStR 2000 Rz 688, weiters vgl. *Urnik/Firtz-Schmied,* [Jahrbuch], S.51.
[10] Kofler, et alii, [Handbuch Betriebsaufgabe], S.89; z.B. VwGH 20.9.2001, 2000/15/0039
[11] Vgl. *Doralt,* [Steuerrecht 08/09], Tz 42.

Abfertigungsrückstellung (steuerfreien Betrages) ange-
schafften Wertpapieren handelt es sich um (nichtab-
nutzbares) Anlagevermögen, dessen Anschaffungskosten
auch beim Einnahmen-Ausgaben-Rechner nicht nach
Maßgabe der Verausgabung als Aufwand abgesetzt wer-
den können, sondern zu aktivieren sind. "[12]

- Teilwertabschreibungen gem. § 6 EStG sind bei der Einnahmen-Ausgaben-Rechnung nicht zulässig, jedoch aber
  eine Absetzung für außergewöhnliche technische und
  wirtschaftliche Abnutzung nach § 8 Abs. 4 EStG.[13] Teilwertabschreibungen sind in der Eröffnungsbilanz an-
  zuführen und nicht erst in der ersten auf den Wechsel
  der Gewinnermittlungsart folgenden Schlussbilanz nach-
  zuholen (mindern den Übergangsgewinn).
- Bei der Einnahmen-Ausgaben-Rechnung sind nach
  § 18 Abs. 7 EStG nur Verluste, die in den drei vorange-
  gangenen Jahren entstanden sind, vortragsfähig, im Gegensatz zum zeitlich unbeschränkten Verlustabzug iSd
  § 18 Abs. 6 EStG, wenn der Verlust durch ord-
  nungsmäßige Buchführung ermittelt wurde.
- Bei der Gewinnermittlung nach § 4 Abs. 3 EStG kann der
  Steuerpflichtige – im Gegensatz zum Betriebsvermögensvergleich nach § 4 Abs. 1 EStG – nach
  § 4 Abs. 3 dritter Satz EStG frei wählen, welches System
  der Umsatzsteuerverrechnung – entweder Netto- oder
  Bruttoverrechnung – er anwendet, dies jedoch
  grundsätzlich nach vereinnahmten Entgelten. Bei einem
  Wechsel der Gewinnermittlungsart sind die Unter-

---

[12] EStR 2000 Rz 688; VwGH 15.9.1999, 94/13/0098.
[13] Vgl. EStR 2000 Rz 688.

schiede bei der Bruttoverrechnung zu der Nettoverrechnung von Ermittlern nach § 4 Abs. 1 EStG in den Zu- und Abschlägen zu berücksichtigen.

4. Vorgangsweise bei einem Wechsel
4.1. Zeitpunkt des Wechsels

Ein Wechsel der Gewinnermittlungsart von § 4 Abs. 3 EStG zu § 4 Abs. 1 EStG ist – unabhängig von der Freiwilligkeit – aufgrund der Zerlegung der Totalperiode in Teilperioden nur im Schnittpunkt dieser Teilperiode zulässig. Da für den Einnahmen-Ausgaben-Rechner die Teilperiode gleich dem Kalenderjahr ist, ist ein Übergang grundsätzlich nur zu Beginn eines Jahres möglich.[14]

Wird ein Betrieb, Teilbetrieb oder ein Mitunternehmeranteil hingegen veräußert oder übergeben, ist ein Wechsel auch unterjährig zum entsprechenden Zeitpunkt möglich und zulässig.

„Unentgeltliche Übertragungen lösen beim Übertragenden keinen Wechsel der Gewinnermittlungsart aus, beim Übernehmer nur dann, wenn er in Folge die übernommene Gewinnermittlungsart wechseln will oder muss. Dabei ist der Wechsel abweichend von der Jahresbeginnregel auf den Beginn der betrieblichen Tätigkeit des Übernehmers zulässig. “[15]

---

[14] Vgl. *Bertl, u.a. (Hrsg.)*, [Handbuch 2006], S. 50.
[15] *Wiesner, et alii*, [Kommentar], Ann. 190.

Der mit Umgründungen verbundene Wechsel der Gewinnermittlungsart von § 4 Abs. 3 EStG zu § 4 Abs. 1 EStG erfolgt am Umgründungsstichtag.[16]

4.2. Zu- und Abschläge

Aufgrund der zeitlich unterschiedlichen Erfassung von Betriebseinnahmen und Betriebsausgaben würden bei einem Wechsel der Gewinnermittlungsart zwischen § 4 Abs. 3 und § 4 Abs. 1 EStG bestimmte Positionen doppelt bzw. nicht erfasst werden, was dem Grundsatz der Totalgewinngleichheit widerspräche.

„Dies deshalb, weil am Übergangsstichtag vorhandene, aber nicht erfasste Besitzposten, wie etwa Forderungen oder Warenbestände, bei Beibehaltung der Einnahmen-Ausgaben-Rechnung zu steuerpflichtigen Betriebseinnahmen führen würde, aufgrund des Wechsels beim Betriebsvermögensvergleichs jedoch unberücksichtigt blieben. Dies gilt andererseits auch für nicht erfasste Schuldposten, wie etwa Mietzinsrückstände, die bei der Einnahmen-Ausgaben-Rechnung zu Betriebsausgaben führen würden, nach dem Wechsel zu § 4 Abs. 1 EStG jedoch unberücksichtigt blieben."[17]

Um diese Doppelt- oder Nichterfassung auszugleichen, müssen iSd § 4 Abs. 10 Z 1 EStG Zu- und Abschläge gebildet werden.

---

[16] Vgl. EStR 2000 Rz 725.
[17] *Bertl, u.a.,* [Handbuch 2006], S. 50f.

Ebenso sind Zu- und Abschläge aufgrund der unterschiedlichen Gewinnermittlungsgrundsätze, wie etwa Nachholung von Rückstellungen, Teilwertabschreibungen sowie die Bildung von Rechnungsabgrenzungsposten, iSd § 4 Abs. 10 2 EStG vorzunehmen.

Geldpositionen, wie etwa Bargeld, Bankguthaben oder – schulden, die bei der Einnahmen-Ausgaben-Rechnung zu keinen Betriebseinnahmen oder -ausgaben geführt hätten, bleiben hingegen unberücksichtigt. Diese Positionen werden erst in der Eröffnungsbilanz der Gewinnermittlung nach § 4 Abs. 1 EStG ergänzt.

Weiters bleiben Positionen, die bei der Gewinnermittlung nach § 4 Abs. 3 EStG nicht grundsätzlich anders zu behandeln sind als beim Betriebsvermögensvergleich (z.B. Anlagevermögen), und Investitionsbegünstigungen unberücksichtigt und werden ebenso direkt in die Eröffnungsbilanz des § 4 Abs. 1 EStG Ermittlers übernommen.[18]

Der Übergangsgewinn- bzw. –verlust wird somit durch Addition der positiven und Subtraktion der negativen Gewinntangenten ermittelt, welche der Summe der nach § 4 Abs. 10 EStG vorzunehmenden Zu- und Abschläge entspricht. Positive bzw. negative Gewinntangenten sind jene Positionen, die bei Fortführung der Einnahmen-Ausgaben-Rechnung nach § 4 Abs. 3 EStG zu steuerpflichtigen Betriebseinnahmen bzw. Betriebsausgaben führen würden, bei der Gewinnermittlung nach § 4 Abs. 1 EStG jedoch unberücksichtigt blieben. Weiters sind auch die Kor-

---

[18] Vgl. *Bertl, u.a.*, [Handbuch 2006], S. 51.

rekturfaktoren aufgrund der unterschiedlichen Gewinnermittlungsgrundsätze, wie etwa Rückstellungen (ausgenommen Abfertigungsrückstellungen) oder Rechnungsabgrenzungsposten, sowie eine etwaige Umsatzsteuerverbindlich-
keit, wenn gleichzeitig ein Wechsel der Besteuerungsart
nach § 17 Abs. 4 UStG erfolgt, zu berücksichtigen.[19]

Schematisch ergibt sich somit bezüglich des Übergangsgewinnes oder –verlusts folgendes Bild beim Wechsel der Gewinnermittlungsart von § 4 Abs. § EStG auf § 4 Abs. 1 EStG:

	+	Warenbestände
	+	Bestände an Roh-, Hilfs, und Betriebsstoffen
	+	Waren-, Honorar-, und sonstigen Forderungen
	-	Warenschulden
Zu- bzw. Ab-schläge gem. § 4 Abs. 10 Z 1 EStG	-	Lieferverbinlichkeiten, Verbindlichkeiten aus rückständigen Be-triebsausgaben und sonstige Verbindlichkeiten
	+	Gegebene Anzahlungen
	-	Erhaltene Anzahlungen
	-	Verbindlichkeiten füe Betriebssteuern
	±	Saldo aus Vorsteuerforderungen und Umsatzsteuerverbindlich-keiten
	±	etwaige Umsatzsteuerschuld bzw. Vorsteuerforderungen gem. § 17 Abs 4 UStG
Zu- bzw. Ab-schläge gem. § 4 Abs. 10 Z 2 EStG	+	Aktive Rechnungsabgrenzungsposten
	-	Passive Rechnungsabgrenzungsposten
	-	Nachholung von Rückstellungsbildung
	-	Nachholung von Teilwertabschreibungen
	=	**Übergangsgewinn bzw. -verlust**

Abbildung 3 - Zu- und Abschläge[20]

---

[19] Vgl. unten 5. Die Umsatzsteuer bei einem Wechsel.
[20] Entnommen aus *Bertl, u.a*, [Handbuch 2006], S. 51.

4.3. Die Steuerliche Behandlung des Übergangser-
gebnisses

Wie bereits erwähnt ergibt die Summe aus den Zu- und Abschlägen nach § 4 Abs. 10 EStG einen Übergangsgewinn oder einen Übergangsverlust, welche dem Grunde nach außerordentliche Einkünfte darstellen. Übergangsgewinne können mit laufenden Verlusten saldiert werden. Nach § 4 Abs. 10 Z1 EStG bzw. § 37 Abs. 5 EStG können diese unter bestimmten Voraussetzungen mit dem Hälftesteuersatz versteuert werden.[21] Übergangsverluste sind nach der Siebentelabschreibung (Saldierung mit laufenden Betriebsergebnissen) ausgleichs- und vortragsfähig.[22]

„Die historischen Wurzeln dieser – nunmehr sozialen Überlegungen Rechnung tragenden – Begünstigung liegen darin, dass der Übergangsgewinn idR eine Zusammenballung von Einkünften, etwa aufgrund der schlagartigen Auflösung von stillen Reserven, darstellt. Es käme daher bei tarifmäßiger Besteuerung des Übergangsgewinnes zu einer Progressionswirkung, die oftmals in keine Relation zur wirtschaftlichen Leistungsfähigkeit des Steuerpflichtigen steht."[23]

---

[21] Vgl. unten 3.3.1. Übergangsgewinne.
[22] Vgl. EStR 2000 Rz 728; weiters vgl. unten 4.3.2. Übergangsverluste.
[23] *Bertl, u.a.,* [Handbuch 2006], S. 45.

4.3.1. Übergangsgewinne

Ergeben sich nach der Berechnung der Zu- und Abschläge Übergangsgewinne, so sind diese nach § 4 Abs. 10 Z 1 EStG beim Gewinn des ersten Gewinnermittlungszeitraumes nach dem Wechsel zu berücksichtigen,[24] bei Beendigung (Aufgabe bzw. Veräußerung eines ganzen oder Teilbetriebs oder eines Mitunternehmeranteils) des Betriebes werden hingegen gem. § 4 Abs. 10 Z 1 Letzter Satz EStG Veräußerungsgewinne beim Gewinn des letzten Gewinnermittlungszeitraumes vor Veräußerung oder Aufgaben berücksichtigt.[25]

„Durch die Sonderregelung des § 4 Abs. 10 Z 1 letzter Satz EStG soll dabei offenbar vermieden werden, dass der Übergangsgewinn erst nach Abschluss der betrieblichen Tätigkeit wirksam wird.“[26]

Kommt es im Falle einer Einbringung gemäß Art. III UmgrStG, eines Zusammenschlusses gemäß Art. IV UmgrStG oder einer Realteilung gemäß Art. V UmgrStG im Anschluss an die letzte laufende mit dem Umgründungsstichtag endende Gewinnermittlungsperiode zum Wechsel der Gewinnermittlungsart zu jener nach § 4 Abs. 1 EStG, ist ein Übergangsgewinn im Jahr, in das der Umgründungsstichtag fällt, zu versteuern.[27]

---

[24] Vgl. EStR 2000 Rz 719: der Übergangsgewinn ist somit in dem Jahr zu berücksichtigen, in dem der Gewinn das erste Mal nach der neuen Gewinnermittlungsart ermittelt wird.
[25] Vgl. EStR 2000 Rz 724.
[26] *Kofler, et alii,* [Handbuch Betriebsaufgabe 2004], S. 238.
[27] Vgl. EStR 2000 Rz 725.

4.3.2. Begünstigungen der Übergangsgewinne

Nach § 37 Abs. 1 EStG ermäßigt sich der Steuersatz auf die Hälfte des auf das gesamte Einkommen anfallende Durchschnittsteuersatzes, wenn gem. § 37 Abs. 5 EStG außerordentliche Einkünfte bestehen. Diese liegen vor, wenn der Steuerpflichtige gestorben ist, wenn der Steuerpflichtige erwerbsunfähig wird oder wenn der Steuerpflichtige das 60. Lebensjahr vollendet hat und seine Erwerbstätigkeit einstellt und es wird dadurch eine Betriebsveräußerung oder Betriebsaufgabe veranlasst. Allerdings muss beachtet werden, das die Begünstigung des ermäßigten Hälftesteuersatzes nur über Antrag und nur dann zusteht, wenn seit der Eröffnung oder dem letzten entgeltlichen Erwerbsvorgang sieben Jahre verstrichen sind.

Nach § 37 Abs. 2 EStG ist es möglich über Antrag Veräußerungsgewinne iSd § 24 EStG, wenn seit der Eröffnung oder dem letzten entgeltlichen Erwerbsvorgang sieben Jahre verstrichen sind, gleichmäßig auf 3 Jahre, beginnend mit dem Veranlagungsjahr, dem der Vorgang zuzurechnen ist, zu verteilen.

Für Veräußerungsgewinne iSd § 24 EStG steht alternativ auch ein Freibetrag in der Höhe von € 7.300 zu. Nach § 24 Abs. 4 EStG ist der:

„Veräußerungsgewinn insoweit nur steuerpflichtig, als er bei der Veräußerung (Aufgabe) des ganzen Betriebes den Betrag von € 7.300 und bei der Veräußerung (Aufgabe) eines Teilbetriebes oder eines Anteiles am Betriebsvermögen den entsprechenden Teil von 7.300 Euro übersteigt.“

Wird eine Begünstigung iSd § 37 EStG in Anspruch genommen, steht der Freibetrag nicht zu. Somit ergibt sich folgendes Bild:

	Fall des § 37 Abs. 5 EStG		Kein Fall des § 37 Abs. 5 EStG		Fall des § 24 Abs. 4 EStG
	7-Jahres-Frist erfüllt	7-Jahres-Frist nicht erfüllt	7-Jahres-Frist erfüllt	7-Jahres-Frist nicht erfüllt	keine Begünstigung iSd § 37 EStG
Veräußerungs- bzw. Aufgabe- gewinn gem. § 24 EStG	1/2 Durchschitts- teuersatz nach § 37 Abs. 5 EStG	Voller Steuersatz ohne Progressions- ermäßigung	3-Jahresverteilung nach § 37 Abs. 2 EStG	Voller Steuersatz ohne Progressions- ermäßigung	Freibetrag in Höhe von € 7.300
Übergangsge- winn gem § 4 Abs. 10 EStG	1/2 Durchschitts- teuersatz nach § 37 Abs. 5 EStG	1/2 Durchschitts- teuersatz nach § 37 Abs. 5 EStG	Voller Steuersatz ohne Progressions- ermäßigung	Voller Steuersatz ohne Progressions- ermäßigung	Voller Steuersatz ohne Progressions- ermäßigung

Abbildung 4 - Begünstigungen § 37 EStG[28]

Ab Veranlagung 2010 steht außerdem für Übergangsgewinne (nicht Veräußerungen) ein Gewinnfreibetrag nach § 10 Abs. 1 EStG von bis zu 13% des Gewinnes, insgesamt jedoch höchstens € 100.000, zu.

„Liegt ein iSd § 37 Abs. 5 EStG begünstigter Übergangsgewinn vor, so ist dieser mit Verlusten aus derselben Einkunftsquelle, weiters mit Verlusten aus derselben Einkunftsart und letztlich mit einem etwaigen Verlustüberhang aus anderen Einkunftsarten zu verrechnen. Zu beachten ist jedoch, dass Verluste primär mit nicht begünstigten Einkünften auszugleichen sind, da die Begünstigungen, die das Gesetz einräumt, weitestgehend erhalten bleiben sollen. In der Folge ist vom gesamten Einkommen gem. § 2 Abs. 2 EStG die durchschnittliche tarifmäßige Steuerbelastung zu berechnen (Durchschnittssteuersatz gem. § 37 Abs. 1 EStG). Der Übergangsgewinn ist sodann mit dem halben Durch-

---

[28] In Anlehnung an *Kofler, et alii,* [Handbuch Betriebsaufgabe], S. 220.

schnittssteuersatz zu versteuern, die Differenz auf das
gesamte Einkommen mit dem vollen Durch-
schnittssteuersatz."[29]

4.3.3. Übergangsverluste

Ergibt die Summe der Zu- bzw. Abschläge einen Übergangsverlust, so ist dieser, beginnend mit dem ersten Ge-
winnermittlungszeitraum nach dem Wechsel, zu je einem
Siebentel in den nächsten sieben Gewinnermit-
tlungszeiträumen zu verteilen, dh er ist ab dem ersten
Jahr, in dem die neue Gewinnermittlungsart anzuwenden
ist, zu berücksichtigen. Erhöht der aliquot berücksichtigte
Übergangsverlust einen laufenden Verlust, so ist beim Betriebsvermögensvergleich nach § 4 Abs. 1 EStG der gesamte
erhöhte Verlust vortragsfähig.[30]

Ergibt sich jedoch im Zuge einer Betriebsaufgabe bzw. -
veräußerung ein Übergangsverlust, so ist dieser nach
§ 4 Abs. 10 Z 2 letzter Satz EStG beim Gewinn der letzten
Gewinnermittlungsperiode vor der Aufgabe bzw. Veräußerung zu berücksichtigen.

„Soweit sie weder mit dem letzten laufenden Gewinn
noch mit einem allfälligen Übergangsgewinn zu verrech-
nen sind, sind sie im Rahmen des innerbetrieblichen
Verlustausgleiches mit dem Veräußerungsgewinn auszug-
leichen. Restbeträge sind sodann mit anderen

---

[29] *Kofler, et alii,* [Handbuch Betriebsaufgabe 2004], S. 238, EStR 2000
Rz. 7367.
[30] Vgl. *Kofler, et alii,* [Handbuch Betriebsaufgabe 2004], S. 238.

Einkünften auszugleichen und werden schließlich vortragsfähig. "[31]

5. Die Umsatzsteuer bei einem Wechsel

Nach § 4 Abs. 3 dritter Satz EStG darf der Steuerpflichtige bei der Einnahmen-Ausgaben-Rechnung selbst entscheiden, ob er die Umsatzsteuer mittels des Brutto- oder Nettosystems, dies jedoch grundsätzlich nach vereinnahmten Entgelten (Istbesteuerung), verrechnet. Je nachdem wie diese behandelt wurde, ergeben sich unterschiedliche Konsequenzen.

Wurde die Umsatzsteuer bei der Einnahmen-Ausgabe-Rechnung nach der Nettomethode, das heißt als durchlaufender Posten wie bei einem Betriebsvermögensvergleichs, behandelt, so ist es nicht notwendig diese durch etwaige Zu- und Abschläge zu berücksichtigen. Folglich sind die Zu- und Abschläge der anderen Positionen mit den Nettowerten anzusetzen. Die Vorsteuerforderungen und Umsatzsteuerverbindlichkeiten sind nicht zu berücksichtigen.[32]

Wurde die Umsatzsteuer bisher nach dem Bruttosystem erfasst, so sind zum Stichtag vorhandene Vorsteuerforderungen und Umsatzsteuerverbindlichkeiten beim Übergangsergebnis, aber auch in den Zu- und Abschlägen die in den einzelnen Bilanzpositionen enthaltenen Umsatzsteuerbeträge zu berücksichtigen.[33] So ergeben sich aufgrund des Be-

---

[31] EStR 2000 Rz 729.
[32] Vgl. EStR 2000 Rz 697.
[33] Vgl. *Kofler/Kofler* in SWK 20/21/2002, S. 562.

triebsausgaben- bzw. Betriebseinnahmencharakters[34] der Umsatzsteuerverrechnung mit dem Finanzamt zwei Kategorien von möglichen Zu- bzw. Abschlägen.

„Einerseits sind die noch nicht entrichteten Zahllasten sowie die aufgrund des § 17 Abs. 4 UStG geschuldeten Beträge als Abschlag zu berücksichtigen und andererseits ist der Saldo aus Vorsteuerforderungen und Umsatzsteuerverbindlichkeiten (exklusive der gem. § 20 Abs. 1 Z 6 EStG nicht abzugsfähigen Umsatzsteuer vom Eigenverbrauch) ebenso als Zu- oder Abschlag zu berücksichtigen. Eventuell passivierte Zahllasten für Monate oder Quartale des Vorjahres sind als Abschläge, aktivierte Gutschriften als Zuschläge einzubeziehen. "[35]

6.   Wechsel von § 4 Abs. 1 EStG zu § 4 Abs. 3 EStG
6.1. Gründe für einen Wechsel

Ein möglicher Grund für den Wechsel vom Betriebsvermögensvergleich zur Einnahmen-Ausgaben-Rechnung ist das Unterschreiten der Grenzen nach § 125 BAO bzw. § 189 UGB. Die Verpflichtung zur Buchführung für Landwirte erlischt nach § 125 Abs. 3 letzter Satz BAO, wenn die in Abs. 1 genannten Grenzen in zwei aufeinanderfolgenden Jahren nicht überschritten werden, mit Beginn des darauffolgenden Kalenderjahres. Nach § 189 Abs. 2 Z 1 UGB erlischt für selbständig Tätige, die keinen freien Beruf ausüben, die Rechnungslegungspflicht, wie bei den Land-

---

[34] Vgl. *Kofler et alii,* [Handbuch Betriebsaufgabe 2004], S. 170; weiters EStR 2000 Rz 745.
[35] *Bertl, u.a.,* [Handbuch 2006], S. 52.

und Forstwirten, ab dem folgenden Jahr, wenn die Grenzen in zwei aufeinanderfolgenden Jahren unterschritten wurden. Es besteht jedoch die Option weiter freiwillig den Betriebsvermögensvergleichs nach § 4 Abs. 1 EStG fortzuführen.

Eine Beschränkung des Wahlrechts zwischen den Gewinnermittlungsarten, abgesehen von § 17 Abs. 3 EStG, oder eine Frist zur Mindestbeibehaltung einer Gewinnermittlungsart sieht das EStG nicht vor. Es könnte durch mehrfache Wechsel innerhalb kurzer Zeit uU ein Missbrauch iSd § 22 BAO vorliegen, doch davon geht die herrschende Rechtsprechung nicht aus, da die grundsätzlich freie Wahl der Gewinnermittlungsart vom Gesetz vorgezeichnet ist.[36]

6.2. Zu- bzw. Abschläge

Wie bereits erwähnt ist aufgrund der Zerlegung der Totalperiode in Teilperioden der Wechsel der Gewinnermittlungsart von § 4 Abs. 1 EStG zu § 4 Abs. 3 EStG, ebenso wie von § 4 Abs. 3 EStG zu § 4 Abs. 1 EStG, nur im Schnittpunkt dieser Teilperioden zulässig, somit zu Beginn des Kalenderjahres. Bei einem Wechsel vom Betriebsvermögensvergleichs zu der Einnahmen-Ausgaben-Rechnung sind zunächst jene Bilanzpositionen, für die bei der Einnahmen-Ausgaben-Rechnung entsprechende Verzeichnisse bestehen, wie etwa Anlagenverzeichnisse iSd § 7 Abs. 3 EStG, das Verzeichnis für den Gewinnfreibetrag (ab Veranlagung 2010) nach

---

[36] Vgl. *Kofler, et alii,* [Handbuch Betriebsaufgabe 2004], S. 116 ff.

§ 10 EStG oder das Verzeichnis für die Übertragungsrücklagen gem. § 12 Abs. 8 EStG überzuführen.

Als weiterer Schritt werden die Bilanzpositionen, die bei der Einnahmen-Ausgaben-Rechnung nicht erfasst werden, – mit umgekehrten Vorzeichen im Vergleich zum Wechsel von § 4 Abs. 3 EStG zu § 4 Abs. 1 EStG – als Zu- und Abschläge nach § 4 Abs. 10 EStG erfasst, und somit das Gebot der Doppel- bzw. Nichterfassung berücksichtigt. So sind auch in der Einnahmen-Ausgaben-Rechnung nicht mehr zulässige Positionen, wie Rechnungsabgrenzungsposten oder Rückstellungen, aufzulösen und im Übergangsergebnis zu berücksichtigen. Bestehen in der Gewinnermittlung nach § 4 Abs. 3 EStG jedoch äquivalente steuerfreie Bezüge, so sind diese aus dem Betriebsvermögensvergleich nach § 4 Abs. 1 EStG gewinnneutral in solche steuerfreie Bezüge, wie etwa Abfertigungsrückstellungen nach § 14 Abs. 1 EStG in den steuerfeien Betrag nach § 14 Abs. 5 EStG, umzuwandeln.[37]

Unberücksichtigt bleiben – spiegelbildlich zum Wechsel von der Einnahmen-Ausgaben-Rechnung zum Betriebsvermögensvergleich – Geldpositionen, wie z.B. Bargeld oder Bankguthaben.

Somit ergeben sich bezüglich des Übergangsergebnisses folgende Zu- und Abschläge bei einem Wechsel von § 4 Abs. 1 EStG zu § 4 Abs. 3 EStG:

---

[37] Vgl. *Bertl, u.a.,* [Handbuch 2006], S. 52.

Zu- bzw. Abschläge gem. § 4 Abs. 10 Z 1 EStG	- Warenbestände
	- Bestände an Roh-, Hilfs, und Betriebsstoffen
	- Waren-, Honorar-, und sonstigen Forderungen
	+ Warenschulden
	+ Lieferverbinlichkeiten, Verbindlichkeiten aus rückständigen Betriebsausgaben und sonstige Verbindlichkeiten
	- Gegebene Anzahlungen
	+ Erhaltene Anzahlungen
	+ Verbindlichkeiten füe Betriebssteuern
	± Umsatzsteuerschuld bzw. Vorsteuerforderungen gem. § 17 Abs 4 UStG
Zu- bzw. Abschläge gem. § 4 Abs. 10 Z 2 EStG	- Aktive Rechnungsabgrenzungsposten
	+ Passive Rechnungsabgrenzungsposten
	+ Rückstellungen
	= **Übergangsgewinn bzw. -verlust**

Abbildung 5 - Zu- und Abschläge 2[38]

Diese Übergangsgewinne bzw. -verluste unterliegen den gleichen Begünstigungen wie das Übergangsergebnis bei einem Wechsel der Gewinnermittlungsart von § 4 Abs. 3 EStG zu § 4 Abs. 1 EStG.[39]

---

[38] Entnommen aus *Bertl, u.a.*, [Handbuch 2006], S. 54.
[39] Vgl. oben 4.3. Die steuerliche Behandlung des Übergangsergebnisses.

7. Beispiel

Der Steuerpflichtige Huber betreibt seit 2002 einen landwirtschaftlichen Betrieb. Der Gewinn wird seit Betriebseröffnung durch Einnahmen-Ausgaben-Rechnung gem. § 4 Abs. 3 EStG ermittelt.

- Im Jahr 2008 erzielte Herr Huber Umsätze in Höhe von € 450.000.
- Im Jahr 2009 betragen die Umsätze € 440.000.
- Das Bankkonto weist am 31.12.2009 einen Sollsaldo in Höhe von € 123.204 aus. In der Kassa befinden sich am 31.12.2009 noch € 4.000.
- In seinem Vermögen befinden sich außerdem Grund und Boden im Wert von € 57.219 und sonstige Anlagen (Maschinen etc.) in Höhe von € 89.770.

Folgende Positionen sind beim Wechsel der Gewinnermittlungsart zu berücksichtigen:

➢ Fuhrpark (Traktoren, LKW)	€ 65.450
➢ Vorräte	€ 54.600
➢ Forderungen L/L	€ 74.720
➢ Forderungen FA VSt	€ 9.400
➢ Verbindlichkeiten Lieferanten	€ 34.810
➢ Verbindlichkeiten FA USt	€ 22.400
➢ Aktive Rechungsabgrenzungsposten	€ 3.000
➢ Passive Rechnungsabgrenzungsposten	€ 9.000
➢ Abfertigungsrückstellungen	€ 12.000
➢ Sonst. Rückstellungen	€ 5.000

Nicht zu berücksichtigen ist eine etwaige Umsatz- bzw. Vorsteuerschuld gem. § 17 Abs. 4 EStG.

a) Nach welcher steuerlichen Gewinnermittlungsart hat Herr Huber zukünftig seinen Gewinn zu ermitteln?

b) Erstellen Sie die Übergangs-/Eröffnungsbilanz und ermitteln Sie durch Zu- und Abschläge das Übergangsergebnis. Welche Positionen (die nicht angegeben sind) könnten noch in die Bilanz aufgenommen werden, nennen Sie weitere Beispiele.

c) Wie wird das steuerliche Übergangsergebnis behandelt? Bestehen Begünstigungen für das Übergangsergebnis? Ann.: Es bestehen begünstigte Investitionen iSd § 10 Abs. 3 EStG in Höhe von € 12.000.

Lösung:

a) Nach § 125 BAO muss Herr Huber nach Ablaufen eines „Pufferjahres" ab 2011 seinen Gewinn nach § 4 Abs. 1 EStG ermitteln, weil er die Grenze der Umsätze von € 400.000 in zwei aufeinanderfolgenden Jahren (08+09) überschritten hat.

b)

Aktiva		Eröffnungsbilanz	Passiva
Anlagevermögen		**Eigenkapital**	45.745
Grund und Boden	57.219	Rückstellungen	
Sachanlagen	89.770	Abfertigunsrükstellungen	12.000
Fuhrpark	65.450	Sonst. Rückstellungen	5.000
Umlaufvernögen		**Verbindlichkeiten**	
Vorräte	14.600	Bank	123.204
Forderungen L/L	8.720	Lieferanten	34.810
Forderungen FA VSt	9.400	FA Ust	22.400
Kassa	4.000		
ARA	3.000	**PRA**	9.000
	252.159		252.159

(Bruttoverrechnung)	Zuschläge	Abschläge
Vorräte	54.600	
Forderungen	74.720	
Verbindlichkeiten		- 34.810
Saldo aus Ust und VSt		- 12.960
ARA	3.000	
PRA		- 9.000
Rückstellungen		- 17.000
Übergangsgewinn		**58.550**

c) Der Übergangsgewinn wird im Jahr 2011 versteuert.

Da kein Veräußerungsgewinn vorliegt, besteht lediglich die Begünstigung nach § 10 EStG.

Gewinnfreibetrag gem. § 10 EStG

Gewinn	58.550		1.Grund FB	3.900
13%	7.612		2.Inv.bed. FB	3.712
Grundfreibetrag	**3.900**		**Gesamter FB**	**7.612**
Invest.bed. FB	7.612			
	- 3.900			
13% von 28.550	3.712		Gewinn vor FB	58.550
beg. Investitionen	12.000		FB § 10 EStG	7.612
→ max inv.bed. FB	**3.712**		**Gewinn nach FB**	**50.939**

8. Resümee

Die vorangestellten Ausführungen haben im Überblick dargestellt, dass die Einnahmen-Ausgaben-Rechnung eine vereinfachte Art der Gewinnermittlung ist. Folglich sind bei einem Wechsel der Gewinnermittlungsart bestimmte Positionen, die bei der Gewinnermittlung nach § 4 Abs. 1 EStG erforderlich sind, bei der Einnahmen-Ausgaben-Rechnung jedoch der Einfachheit halber weggelassen werden, durch Zu- und Abschläge zu korrigieren. Man erstellt eine Übergangsbilanz, die zugleich die Anfangsbilanz der neuen Gewinnermittlungsart darstellt. In einem weiteren Schritt wird dann das Übergangsergebnis ermittelt; ergibt die Summe der Zu- und Abschläge einen Gewinn, so stehen diesem bestimmte Begünstigungen zu. Ein Verlust ist über die nächste sieben Gewinnermittlungszeiträume aufzuteilen. Meines Erachtens kann man jedoch feststellen, dass Veräußerungsgewinne durch die Regelung des § 37 EStG bzw. den Freibetrag gem. § 24 Abs. 4 EStG weitaus mehr begünstigt sind als Übergangsgewinne bei einem entweder zwangsweisen oder (eher unwahrscheinlichen) freiwilligen Wechsel der Gewinnermittlungsart.

Durch das Steuerreformgesetz 2009 und die dadurch verbundene Änderung des Gewinnfreibetrags nach § 10 EStG fällt meiner Auffassung nach eine der wesentlichen Ursachen weg freiwillig Bücher zu führen. Der Freibetrag gilt nun für alle betrieblichen Einkünfte und alle Gewinnermittlungsarten, mit Ausnahme der Pauschalierungen).

9. Literaturverzeichnis

Bücher:

Bertl, u.a., [Handbuch 2006]:
Bertl/Djanani/Eberhartinger/Kofler/Tumpel (Hrsg.),
Handbuch der österreichischen Steuerlehre, Band II; 2006,
Lexis Nexis ARD Orac Verlag

Doralt, W., Kodex des österreichischen Rechts, Steuerge-
setze, 45. Auflage, Stand 15.08.2009, Linde Verlag

Doralt, W., Steuerrecht 08/09, 2008, 10.Auflage, Manz Verlag

Kofler, et alii, [Handbuch 2004]: *Kofler/Kofler/Urnik,*
Handbuch Betriebsaufgabe und Wechsel der Gewinnermittlungsart, 2004, Linde Verlag

Urnik/Fritz-Schmied, [Jahrbuch]: *Urnik/Fritz-Schmied,*
Jahrbuch Bilanzsteuerrecht 08, 2008, NWV

Zeitschriften:

SWK 11/2009, K 7 – Übergangsgewinn

Aigner/Moshammer/Schneiderbauer in SWK 7/2009, S. 295
über einen Vorteilhaftigkeitsvergleich Freibetrag für investierte Gewinne versus Gewinnfreibetrag

Kofler/Kofler in SWK 20/21/2002, Die Umsatzsteuer beim
Wechsel der Gewinnermittlungsart von § 4 Abs. 3 auf § 4
Abs. 1 EStG

Internetquellen:

BMF: Findok: Einkommensteuer-Richtlinien 2000 idF vom 12.01.2009

Rechstdatenbank über Plusonline: *Wiesner, et alii*, [Kommentar]: *Wiesner / Atzmüller / Grabner / Lattner / Wanke*, ESt-Kommentar, Normtext mit Anmerkungen, Rechtslage 1.06.2009

Rechtsinformationssystem – www.ris.bka.gv.at

VwGH Erkenntnisse:

VwGH 4. 2. 2009, 2006/15/0151

VwGH 20.9.2001, 2000/15/0039

VwGH 15.9.1999, 94/13/0098

www.ingramcontent.com/pod-product-compliance
Lightning Source LLC
Chambersburg PA
CBHW061233180526
45170CB00003B/1279